JN418800

Moon Hyun-Mi

시인 문현미

가산리 희망발전소로 오세요

시인 문현미/ 文賢美

1957년 부산 출생
1979년 부산대학교 사범대학 국어교육학과 졸업
1993년 독일 아헨대학교에서 문학박사(한독비교문학) 학위 취득
1996년~1998년 독일 본대학교 한국어학과 교수 역임
1998년 『시와시학』으로 등단
시집 『기다림은 얼굴이 없다』, 『칼 또는 꽃』, 『수직으로 내리는 비는 둥글다』가 있음
저서 『한국 현대문학의 하이네 수용』, 『우리말과 글』, 『문장의 원리와 실제』(공저), 『우리를 행복하게 하는 것들』, 『사랑 만들기』, 『나의 축제를 위하여』(라이너 마리아 릴케 문학선집 1), 『말테의 수기』(라이너 마리아 릴케 문학선집 3) 등이 있음
현재 백석대학교 국어국문학과 교수

가산리 희망발전소로 오세요

지은이 | 문현미
펴낸이 | 설보혜
펴낸곳 | Poetics 시학
1판 1쇄 | 2008년 6월 30일
출판등록 | 2003년 4월 3일
주소 | 서울 종로구 명륜동1가 42
전화 | 744-0110
FAX | 3672-2674

값 8,000원

ISBN 978-89-91914-45-2 03810

* 이 시집은 한국문화예술위원회 문예진흥기금 기부금으로 제작되었습니다.

문현미 시집

가산리 희망발전소로 오세요

시학
Poetics

■ 시인의 말

죽음을 극복할 수 있는 길이 있을까.
우문 중의 우문이다.
릴케는 삶은 죽음으로써 완성된다고 하였다.
갈등과 불안이 지배하는 삶이 삶이다.
죽음은 화평이고, 용서이며, 불멸이다.
정신의 가장 높은 경지는 어디쯤일까?
십자가인가, 죄 없는 영혼인가, 묵언수행인가.
정신의 극점을 찾아 기도하고 있다.
타자의 허상을 깨고 나라는 우상을 부숴 버려
온전히 무릎 꿇고 만나는 그때,
삶과 죽음의 영원성이 시작되지 않을까.

2008년 6월
천안 태조산 기슭에서

차 례

제1부 오래된 그리움을 위하여

제2부 단막극처럼

제3부 겨울 목탄스케치

제4부 시간 밖의 시간 속으로

제1부

오래된 그리움을 위하여

죄 하나 없다

겨울과 봄 사이
뼈 없는 바람이 언 뿌리를 휘감을 때
동백꽃 새악시 괜스레 수줍다

하늘과 땅이 모두 움트는 때
동박새 한 마리 꽁지를 추켜올린다

파르르, 첫 봄맛에 취해
그만 천기를 누설할까 보다

겨울산

절언이다, 처음부터 끝까지

달을 정수리에 이고 가부좌 틀면
수묵화 한 점 덩그러니

영하의 묵언수행!

폭포는 성대를 절단하고
무욕의 은빛 기둥을 곧추세운다

온몸이 빈 몸의 만월이다

시가 있는 저녁

매연이 늙은 추억처럼 가물가물
소실점을 남기고 사라진다

멀고 가까운 곳을 향해
엇갈린 시간의 바퀴를 굴리는 교각 아래

새끼 오리 떼들 뒤뚱뒤뚱
막 깨어나는 목숨을 자맥질한다

잠시 바라본 들판 저 멀리
홀로 순교하는 서녘 하늘
순례의 불길……

그만,
하늘과 땅의 질서 대열에 끼인
행운을 어설프게 붙들고 말았다

나의 수인번호를 묻다

누가 미결수인가
증거 인멸의 지상에서

가둘 것도, 풀어 줄 것도 없이
내 속에 소리치는 얼굴 없는 목소리

끝이 보이지 않는 상처의 흔적들이
보란 듯이 동거하는 몸의 감옥 속에서

무엇이 죄인지 알지도 못한 채
스스로 오랏줄을 들이대는

나 아니고 싶은 나에게
끈질기게 수인번호를 묻는다

흑백사진

새벽 열차가
간이역으로 들어온다

묵은 의자 같은 할머니가
지팡이를 뭉개며 일어서고
세월이 시들한 손에
검은 비닐 보따리가 달라붙어 있다

기차는 다시
사람 냄새 나는 곳으로 미끄러져 가고
대합실엔
온기가 하관처럼 내려앉고

어느 모순

나의 불면을 쓰네
그대를 보면서
나의 좌절을 그리네
그대를 들으면서
나는 꿈꾸네

내 불면과 좌절과 미래가
바로 그대,
나와 그대의 거리

빙벽

수억만 년 갈고닦은
영혼의 결빙

간절한 투명의 결정 위에
수직으로 선

저 서릿발

아스라한 생의 결단이여

오래된 그리움을 위하여

파도가 달빛 내리는 섬의 관절을 꺾을 때마다
홀로 지새운 누군가의 가슴에는
천의 소금기둥들이 일어서고

백 년 그리움의 열병 끝에
동백꽃 한 송이 피어나고 있다

동행

세상에서 가장 어려운 화두 하나 들고
날마다 죄가슴을 쓸어내리네

당신으로 인해
내 소중한 것 모두 버리고
당신이 지닌 것이면
무엇이든 고스란히 채우고 있네

당신으로 인해 나는
내가 아니라 당신의 내가 되어 간다네

당신이 내게 준 생의 비밀
땅의 질서로는 풀 수 없어서
당신 향한 걸음을 멈출 수 없네

그냥 이대로 천 년을 기다리라 해도
처음 글을 깨치는 아이처럼
울며 웃으며 당신의 상징을 알아 가겠네

병에게

고마워라 몰래 들어온 병이여
눈 뜨고 있어도 보이지 않던 것들이
너로 인해 섬광처럼 돋보인다

몸에서 진액이 빠져나가는 만큼
존재의 붓끝으로 경쾌한 포물선을 그린다

이슬 마음으로 만나는 은밀한 기쁨이여

세상 바다에서 자맥질하던
영혼의 촉수가 새봄 살구꽃처럼 환하다

낙화 면류관

한 잎 축복의 현란한 무게
초여름처럼 차올라

가장 짙푸른 면류관을 쓰게 될
잎 목숨의 어느 즈음에
모든 걸 내려놓는 환희를 꿈꾼다

허공에 점점이 흩날리는
한 잎의 인내,
한 잎의 고통,
한 잎의 절정……

더없이 아름다운 한 순간을 접을 수 있을까
저리 고요의 날개로

첫 키스

꿈이 지천에서
꽃무더기로 피어날 것 같은

이브의 눈길조차 아직 닿지 않은
새벽 강의 안개 능선 따라

찬란한 떨림의 순간에
한 번의 호흡으로 경전이 되는
몸의 삼매경

빈 몸

아침 고요에 씻긴 겨울 바닷가 모래 위에
소라 껍질이 가부좌를 틀고 있다

맨 마지막 보시하듯이 속살 내어주고
단단한 껍질로 남은 생의 바리때를 비워낸다

밀물이 밀려오면 뱃속까지 파도를 그득히 채우고
꺼칠한 생의 흔적을 묵상하다가
그렇지, 그렇지 끄덕이며 시간을 클클 뱉어낸다

얼마나 욕심을 더 버려야 저리 탄탄한 아름다움으로
귀향길에 들어설 수 있을까
어느 귀한 사랑에게 모든 것을 바치고 하늘을 향해
가난의 노래를 부르는 빈 몸이여

멀고도 아득한 비바람에 깎이고 깎여 끝내
한 톨 모래로 내려놓을 단 한 번의 생이여

갱년기

우울한 생의 전깃줄 가까이
고압선이 흐르고 있어요

수만 볼트로 환하게 밝히다가
죽어서 느낄 듯한 잠에 빠지게 하는
무섭도록 아름다운 전류가 지나가요

언젠가 비바람이 휘몰아쳐
뜨거운 불꽃이 타오를지 몰라도

지상에서 제일 부드러운
치명적 전원에 감전될 것 같아
아무것도 보이지 않는 지금

아, 제발 스위치를 내리지 말아요

제2부

단막극처럼

나목

감성의 촉수를 끊어 버렸다

바람의 엄습을
오직 묵언정진으로

우듬지 끝에서 추사체로 세운 그대

꽃씨 마음으로

복지 전공 학생들은 졸업 학기가 되면 노인복지원에 케어 실습을 간다 꽃씨 마음을 담아 구김 없는 손으로 할아버지의 몸 구석구석을 씻긴다 치매로 오락가락하는 할아버지 얼굴에 잃어버린 한 생이 뭉게뭉게 솟아오른다 갑자기 뜨거운 물이 거시기에 닿자 할아버지가 놀라 그만 저지르셨다 화들짝! 뜨뜻한 거름을 받든 꽃등이 잠시 오므라들었다 발그스레 꽃잎이 먼저 미안한 듯 "할아버지, 오늘 소화가 잘 되시나 봐요!" 골바람 몰아치는 복지원 마당 한가운데 꽃사람이 만발했다

어느 검투사의 독백

죽어 가는 것일까 살아남는 것일까 동지로 살아가는 것일까 짓밟아야 하는 것일까 오늘도 나는 체면의 투구를 얼기설기 쓰고 일상의 갑옷으로 무장한다 내일이면 잦아들 생을 무기로 세상으로 전진하는 내 속에 가장 무서운 적이 진을 치고 있다 아무것도 모르고 활보하는 순한 짐승들을 향해 생존의 칼날을 겨냥하는 나는야 하루살이 검투사!

희망구두

목장갑을 낀 손이 좌우로 빠르게 움직인다
몇 주, 몇 달을 견딘 걱정과 울분과 땀 냄새가
황사 바람 몰아치는 잿빛 거리로 흩어진다
닦으면 닦을수록 방긋방긋 유난히 광이 나는 마음 거울
미아삼거리 지하철역 1평 남짓한 가게에서 김씨는
날마다 희망을 닦고 있다
지난밤 늦도록 술을 마신 초로 남자의
토사물 얼룩진 구두를 끌어안고 마음솔로 털어낸다
너덜거리는 밑창을 낚아채기 바늘로 꿰매며
갈기갈기 찢어진 제 속내까지도 한 땀 한 땀 기워 올린다
이곳으로 오는 구두는 세상 속에서 얻은
크고 작은 상처를 달고 모여든다, 하지만
반짝이는 그의 손가락에 닿기만 하면
하나같이 말끔하게 갠 하늘이 된다
얼룩진 뒤축마다 기쁨의 징이 박히고
매연이 진을 치고 있는 포도 위에서 따그닥 딱- 딱-
하루를 성전처럼 떠받드는 푸른 팔뚝 덕분에

기분 좋은 발자국

희망구두들이 멀어져 간다, 경쾌한 귀맛을 남기며

결혼 후일담

어떤 성직자가 부부가 오래도록 함께 사는 것은 기적인 동시에 축복이라고 말씀하셨다 수십 년 동안 낡아 가는 살 맞대고 살았으면서 서로의 구석구석 그늘지고 볕드는 곳까지 아직도 모르는 게 헤아릴 수 없다 달콤한 혓바닥으로 언제나 똑같은 곳만 핥고 지나가고 도무지 다른 부위에는 관심을 보이지 않는다 가끔씩 움찔거리는 살의 둔덕을 따라와 보라고 곁눈질해도 언제나 같은 길만 더듬는다 묵묵부답 낡은 순례에 들 뿐이다 그저 녹슨 바퀴처럼 삐걱거리는 어둑한 생의 저녁답, 식은 밥같이 되풀이되는 몸의 사막지대에서 하루가 맹맹하게 빛바랜 필름으로 되풀이 흘러간다, 물맛이 그 맛보다 더 짜릿한 여름 한낮

거울이 된다, 그 여자

요란하다 여자들의 몸 타는 소리가 여기저기 거울 앞에서 때를 미는 여자 사우나실에는 아랫배에 분홍빛 타월을 두른 여자들이 앞 다투어 입에 열기를 뿜는다 세상의 핫뉴스가 그녀들의 입꼭지만 틀면 수돗물같이 줄줄 흘러나온다 부글부글 끓어오르는 열탕 속에 앉아서 오가는 여자들을 춘화처럼 구경한다

젖통을 덜렁거리며 뒤뚱거리는 여자, 엉덩이를 좌우로 비트는 여자, 뱃살 출렁이는 여자, 여자들의 알몸 욕망의 몸수레를 쳐다본다 쳐다보다가 봉긋 튀어나온 내 가슴을 쓰윽 만져 본다 검게 그을린 살빛으로 잘록한 허리를 흔들며 지나가는 여자, 여자들을 보면 볼썽사납게 불거져 나온 비곗살 탐욕을 쥐어뜯고 싶다 목욕탕에서는 거울이 따로 필요가 없다 눈앞에서 어른거리는 여자들이 모두 거울이다 누구든지 서로에게 거울이 되는 목욕탕

탕 속 풍경 여기서는 고상한 사색이나 깊은 명상들도 때처럼 거품거품 하수구로 밀려 나가고 만다 목욕탕

에서는 흐르는 땀과 자욱한 증기 속에서 모두 거울 여
자가 된다 도무지 낯이 뜨거워지지도 않는

가산리 희망발전소로 오세요

사람 사는 냄새가 맡고 싶으면 밀양군 북면 가산리로 오세요 그곳엔 60년 해묵은 이발소, 낡은 희망발전소가 하나 있지요

투박한 바리깡, 케케묵은 의자들, 연탄난로에서 보글보글 세월을 끓이는 찌그러진 알루미늄 주전자, 바닥에는 갓 떨어져 나온 보풀 온기들, 복덕방 김씨 영감, 중국집 배달부 이씨, 여기저기서 몰고 온 때 묻은 풍문들이 잘려 나가는 머리카락보다 더 수북이 쌓입니다 와 달라는 연락을 받으면 '금일 휴점' 팻말을 붙여 놓고 쏜살같이 달려가는 이발사, 이발소를 찾았다가 팻말을 보면 어디로 갔는지 세상 이치를 어림짐작하는 동네 사람들, 관절염으로 고생하는 친구의 오랜 쑥대머리를 깎아 주고 감겨 줍니다 빗질을 쓱쓱 하니까 친구가 이발사보다 훨씬 더 젊어 보이지요 이발사의 입가에 반달 미소가 걸리면 "머리 다 깎았다. 괜찮나?" "쪼매 못났다" 숫돌에 무딘 가윗날을 쓱싹쓱싹 갈고 있는데 엿장수 최씨가 들어오며 엿가위 소리 툭 던집니다 "오늘 돈 마이 벌었나?" "그냥 밥 묵꼬 살면 된다 아이가, 하루에

세끼 더 묵고 사나?"

사람 냄새가 누룩처럼 부풀어 올라 동네가 구수구수 사랑으로 익어 가지요 잘려 나간 머리카락만큼 온정이 더 쑥쑥 자라나는 가산리 희망발전 이발소

아버지의 향기

아버지는 미처 자라지 못한 내 손목을 꼬옥 붙들고 남새밭을 거닐다가 야릇하게 코끝을 간질이는 들깻잎 냄새를 맡곤 하셨다 그럴 때마다 딸은 지문이 닳은 아버지의 손에서 달아나려고 꼼지락거리곤 했다

그러곤 아버지와 딸 사이에는 서로의 그림자조차 볼 수 없었다 하얀 벙거지를 쓰신 머리칼이 황장목 뚜껑 아래로 들어가 버리고 이승에서 마지막 행렬이 고향집 뒷담 길을 지나갈 때 마른 들깻단에서 아버지의 헛기침 소리가 들려오자 어느새 사십여 년의 오래된 미래가 슬픔의 울타리를 치며 목덜미까지 차올랐다

제 앞가림하느라 세상의 골목길을 물목물목 쏘다녔던 딸의 발바닥에 아리도록 붉은 징이 박혔다 결별의 천길 낭떠러지 앞에서 내장의 수액은 말라 버려 눈시울엔 바람파도만 일렁이고 언제까지나 살아계신 듯 주름 이랑진 어린 딸의 손등을 어루만지시는 아버지, 들깨꽃 피는 계절이 되면 아버지의 향기로 실컷 배가 부른 오래도록 철없는 어린 딸

뻥이요, 뻥튀기요

반반한 먹을 것 바이 없던 시절 우리들 주전부리는 감자와 고구마, 옥수수 알갱이였다 한 계절이 지나갈 때까지 만날 같은 것으로 입을 달래던 꼬마들의 목구멍에 그냥 흐르는 하루가 해찰스레 걸릴 즈음 멀리 동구 밖에서 뻥-이요- 뻥튀기요- 손수레에 장구통 모양의 까만 뻥튀기가 갓 부푼 동심을 간지럽혔다 꼬마들의 눈과 귀가 어느새 쫑긋쫑긋 신나던 딱지치기와 구슬치기를 내팽개치고 구수한 소리를 좇아 달음박질했다 시골 아낙 같은 무쇠 뻥튀기를 장작과 솔가지로 불을 지폈다 송송한 땀방울과 기쁨이 씽씽 돌아가고 코가 시커먼 뻥아저씨의 억센 팔뚝이 불끈거렸다, 희망의 푸른 심줄이 뻥뻥, 구김 없는 행복이 하늘에 튀겨지고 있었다, 축포처럼

모녀의 내력

강화도에 아흔의 어머니를 고아처럼 남겨 두고 왔습니다 가마솥처럼 끓어오르는 가슴에 서럽도록 붉게 그림자 지는 절망의 꽃 자꾸만자꾸만 고개는 돌아가 슬픔마저 출가한 눈 속에 박혀 버립니다 자주 못 가는 늙은 딸이 어쩌다 반짝이 옷이라도 걸치고 가면 어머니는 참말로 이-쁘-네-유- 새까맣게 웃자란 손톱을 붙들고 숯검정 그리움을 깎아냅니다

식사를 잘 하시지 않는다고 했는데 오늘은 찰떡을 서너 개씩 집어넣고 세상 끝 외딴 섬 같은 불안을 씹고 계십니다 철부지 입에서 오물오물 새어 나오는 말 인자, 집에 가면 안 되는겨? 쬐끔만 더 기다려 주세요- 어머니! 아직은 먹고 살아야 하거든요. 아직은, 요-

목구멍에서 넘어오지 못하고 가물거리는
긴 그늘의 낱말들 고마워유- 또 오세유-
낡은 호미 같은 허리를 연거푸 흔드는 이방인 어머니
땅의 질서를 지키지 못하는 딸이 눈물 걸음을 옮깁니다
노예 같은 일상이 삐걱대는 터널 속으로

명소 대포항에서

집 떠나온 남자들에게 호객꾼들이 칭얼댄다 남자 1의 손에 4장 남자 2의 손에는 5장 남자 3, 4, 5의 손과 손에 심심한 욕망의 문어들이 대가리를 내민다 한껏 부푼 바지 주머니 속에서 난데없이 뜨거운 애무를 받는 아라비안나이트, 레인보우나이트…… 애써 관심을 내려놓은 척 밤물결에 초점 없는 눈길을 던지는 남자들에게 호객 총각이 다가가며 소리친다

"집 있는 여자, 집 나온 여자, 집 없는 여자, 종류별, 부위별로 다 있어요!" 저 킬킬거리고 클클대는 원초의 얼굴들 어느 구석에 즘생의 힘이 꿈틀거리고 있을까 끈적거리는 웃음의 혓바닥들이 썰물처럼 빠져나간다 집 나온 수컷들의 호기심이 활어난전의 칼날에서 튀어오르는 비늘 같다 수족관에서 먹히기를 기다리는 우럭, 광어, 방어, 놀래미 날렵한 칼질 뒤 저녁 식탁에 올라온 가출 횟감들이 커다란 입속에서 점액과 섞여 숨가쁘게 넘어간다 항구에서의 하룻밤이 조금도 두렵지 않은 사내들이 빗나간 욕망을 대포처럼 밤하늘에 쏘아 댄다

단막극처럼

한 번도 성경을 제대로 읽은 적이 없다 그래도 성도라고 불린다 낡은 찬송가 테이프를 끼고 양심의 북을 애잔하게 두드리는 맹인의 소쿠리에 동전 한 닢 넣지 않고서 집사의 배역을 맡고 있다면 가짜인가, 나는 아브라함의 후손인 양 달콤한 혀로 믿음을 베껴 팔다가 목숨보다 더 소중한 누군가에게 처음부터 끝까지 모두 바칠 수 있다면 진짜인가, 가짜와 진짜인 내가 함께 연기하는 단막극에서 대본은 언제나 금방 날아간다, 일회용품처럼 우리들 서로의 얄팍한 기억에서

제3부

겨울 목탄스케치

반성문을 쓰다

어머니 자궁에서 빠져나올 때 미끈미끈한 양수에서
느꼈네, 가르쳐 주지 않아도 할 수 있고
하지 않고도 알게 되네, 머리숱이 짙어진 후부터
언제나 슬프도록 투명한 언어였네

선천성 설렘의 화살에 꽂히면 누구나
영원을 부르짖는데 사랑이여, 미안하다-
한 번도 원천에 이르지 못하고
미완으로 텅 비어 버리고 말았으니……

그러나 누가 태울 수 있을 것인가
아름다운 위험의 불꽃을
완전히

동심冬心

벌레처럼 움츠러드는
맨살을 뚫고
각을 세우는 얼음꽃

영하의 묵도 중이다

산정 바위들
비장한 간당에 들고
묘비명의 희미한 문장이 예민하다

무욕의 바람에 제 표정을 찾는
처음 마음

빛에 대한 소묘

가까이 있어도
한결같이 멀기만 한
그대 눈의 한 점 불빛

깊이를 알 수 없는 바다에
꺾이어 들면

그만 소금기둥이 되고 마는
적멸의 빛

다시 하염없는 불씨로 그 빛
타올라 그믐달로 떠오르면
이내 아롱지는 눈물빛

가만히 그렇게만

산비탈 뱀딸기 유정한 숨결로
호기심 가득하다
오월 바람의 순한 눈동자
시샘하듯 지켜보고
벌통 드나들던 꿀벌들
달콤한 진액을
유난 쏟아내고 있다

꿈인 듯 야생이 된 두 사람

겨울 목탄스케치

끝없이 흩날리는
마음 눈보라, 바람보라

어진 짐승들 깊숙이 겨울잠 들고
눈꽃 향내 청솔에 묻혀든다

서서히 동안거에 드는 눈마을

허옇게 각을 세운
산마루가 폭설에 떨어져 나가고
먼 데 하늘 추녀 끝에 얼어붙는다

산도, 마을도, 사람도
모두 눈부신 목어가 된다

내 목숨의 사글셋집에서

거저 세 들어 사는 내 몸의 집에
득실거리네, 주인 행세를 하는 것들이……

서투른 솜씨로 곧잘
스스로 생의 남루를 마름질하지만
너덜거리는 솔기는 어쩔 수 없어
시로, 눈물로, 기도로 꿰매네

미치지 않고는 온전히 생의 바퀴를 굴릴 수 없어
찾고 또 찾네, 어느 정점에서

잎샘 낭만으로

떠나가는 겨울이 눈물 대신
날카로운 기억을 싸락싸락 풀어낸다
하얀 마음으로 갈아입고 다시
따비밭 생을 쟁기질하고 싶다

신께서 연둣빛 그물을 미리 빚어 주시는
누구도 범할 수 없는 시간에

지상의 봉분

쪽방노인의 저녁은 낡아 가는 생을 저당 잡힌
쪽방촌보다 남루하다, 기쁨이나 소망이 매장된 몸집에
겨울 바람꽃만이 시나브로 피고 지는데 눈을 뜨면
다시 살아 있는 기적 같은 풍경이 영안실
주검처럼 늘어선다, 꿈이 함몰된 세상을 어서 떠나
차라리 하얀 뼛가루로 훠이훠이 산천을 돌아다니고픈
몸이 있는 몸 바깥의 사람들
어두운 숨을 몰아쉬는 지상의 봉분마다 초점 없는
눈동자들이 기다린다, 희망 고봉밥 한 그릇을

길은 길을 연다

스스로 무게를 털어내는
법어 속의 길이 있습니다

캄캄한 열매 어찌할 수 없어
잎 비늘을 떨어뜨립니다
팔-랑-팔-랑

걸림 없는 율동의 무심공양

해거름 길목에서
저녁 해가 다비식을 치릅니다

오, 길이 끝나는 곳에
무한천공의 노을 길이

찔레 전언

노을처럼 번진다, 찔레의 순한 향기가
하염없이 풀물이 든다
꽃바람이 만개한 들녘 어디쯤에서

여린 가지 하나 톡- 꺾어 연초록 껍질을
벗긴다, 쌉싸름하고 달큰한 속살 맛
혓바닥에 풋내음이 몽글몽글

닿으면 닿을수록 더 가까이 꽃이 될 것 같은
살과 살 사이에 퍼지는 짙푸른 쾌감의 전언
사-랑-한-다-

몸서리치도록 전율하는 자음과 모음의 틈새

즐거운 빨래

슬퍼하지 마세요 당신이 우울하면 나는 벌써
촉촉하게 젖어 들어요

꼭지를 틀면 신음처럼 배어드는 수돗물이
나와 섞여 둥글둥글 돌아가고 더없이 하얀 절정을 향해
거친 숨소리를 몰아쉬는군요

당신은 크고 단단해서 조금도 망설이지 않고 나를
좌로, 우로 돌려대네요, 때 절은 마음까지 표백시킬 기세로

긴 포옹과 전신을 뒤흔드는 교감의
시간이 뜨거운 거품 속에서 흘러가네요

아, 젖은 슬픔, 검게 그을린 영혼, 우리들 미끄러운 몸도
눈부시게 빛나는 빨래가 되어 나오네요
당신과 나 사이에 정말 성능 좋은 세탁비누가 있군요

유목 앵벌이

구릿빛 동전이 떨어진다
툭- 낙하의 순간
겨우내 가난과 불우를 견딘 몸이
잠시 따뜻한 불안을 마신다
수많은 다리와 다리 아래
파이고 찍힌 보도블록의 틈 사이로
모욕의 비린내가 진동을 하는데
푸른 하늘을 고무 등짝에 이고 꿈의
봄하늘이 꿈틀거린다, 축축하다

죄 없는 땅사람들의 젖은 탁발
몸붓으로 꾹꾹 눌러 쓴다, 유서처럼

제4부

시간 밖의 시간 속으로

조명가게를 위한 변명

정치인 등 —— 켜 두면 늘 안면방해 일으키는
연예인 등 —— 잠시 환하다가 곧 꺼져 버리는
성직자 등 —— 겉으로는 밝으나 속은 동굴 속 같은
군인 등 —— 전시, 냉전 시, 평화 시 얼굴이 변하는
법조인 등 —— 조절이 힘든, 유전무죄, 무전유죄의
교수 등 —— 제 등잔 밑이 어두운
사업가 등 —— 경기 변동 카멜레온 안테나를 단
↓
↓
웬만한 전등으로는 이 세상 밝아질 낌새가 보이지 않는
온통 캄캄한, 그래도 켜기는 켜야 하는
지구별 분점에는 진짜 조명이 없다, 지구를 오라지게 밝혀 줄
오늘도 눈에 친환경 알전구를 달고 정신 나간 듯 헤매지만
소망의 밤바다에 SOS 신호만 타전되어 온다

길에 관한 명상

메뚜기 떼는
5000킬로미터 이상을 날아간다지만
후투티도
강화도에서 동남아를 찾아간다지만

나, 나에게 돌아가는 길은
하늘과 땅 사이 어디에 있을까

다만 관 속에 묻어갈 슬픔의 길만
남아 있을 것 같아, 목숨을 견뎌내야 할
그 길을 타박타박 가고 있다네

클릭! 봄날

버들개지 속살이 모락거리네
하늘을 향해 덧창을 밀어 올리네

희망을 키질하는 잎눈들이
아기 걸음으로 연둣빛 꿈을 꾸네

신열에 들뜬
바람의 물, 불, 풀무질

오! 따스하게 달아오르는 봄, 맛을
누구와 나누어 느껴 볼까

클릭! 톡-톡- 터져 오르는 소리
몸속의 씨앗들이
봄보다 먼저 봄이 되어 싹트는

설악

오랜 안거 후 첫 걸음인 듯

능선의 천 년 바위들
가부좌 풀고 새벽 법문을 연다

봉우리마다 불그스레
희망 한 장씩
금빛 문장을 겹겹이 써 내려가는

산은 하루의 시작을
온몸으로
있는 그대로 완성한다

목련, 유리 하늘을 열다

하얗게 꿈을 꾸는
꽃의 눈길이

고스란히 내
글썽이는 둥지에 흰 깃을 친다

겨우내 추위를 스스로 삭히며
깊고 아득한 사랑이 되어 가는

한없이 떨리는 첫 숨결의 붓끝으로
내 영혼의 창유리를 닦아 준다

불 좀 켜 주세요

어쩔 수 없이 궁핍한 길을 좇아
아래로, 아래로만 흘러가는 굴곡의 몸짓이라면
언젠가 한 번만이라도 더는 비울 것 없는
땅 아래 날들의 그림자를 도려낼 수 있다면

질척거리는 세상의 웅덩이에서
끊어질 듯 이어지는 목숨 줄을 붙들고
꿈꾸듯 바라본다, 무한히 넓은 허공을
내일은 또 어느 절망의 변두리 빈 터에서 습관처럼
애증의 눈길에 구겨진 생의 허기를 채울 것인가

삶은 가도 가도 갈구렁그믐달만 앞세우고 가는데 이미
희망을 팔아 버린 길거리 사람들, 그들 지하 누옥에
불 밝혀 줄 이 그 누구 없나요?

풀벌레들이 금속성으로 울고 있네

단산을 한 지 꽤 오랜 내 몸이
가을로 가는 길목에서 찌르르- 찌르르-
가을 엽서를 띄우고 있네

멀고도 가까운 누군가에게 맹목의 그리움을
씨줄 날줄로 엮어서 보내고 있네

간간히 바람이 더듬이를 쫑긋 세우면
가을 향기에 알곡 하나하나 여물고 있네

우우우- 보랏빛 종을 울리네
내 몸에 사는 가을 풀벌레들이 일제히 소리치네

시간 밖의 시간 속으로

풀리지 않을 태엽을 감습니다

그대의 아주 사소한 움직임조차
물먹은 일기장에 낱낱이 새겨 넣으면
끊어질 듯 이어지는 말들마다
목울대 긴 슬픔이 휘적거립니다

오직 한 사람 있어
세상의 감옥 어느 곳에 있어도
수겹의 몸속 아득한 길을 따라
감각의 꽃이 피어납니다

맨 처음의 눈과
맨 처음의 귀로
그대를 호흡하면
방향을 잃지 않을 겁니다, 내 생의 나침반은

오직 한 사람으로 인해
눈감고 살아온 무저갱의 날들이
가장 높푸른 날개를 답니다

마음 꽃자리

붉은 것은
꽃만이 아니라네

그립고 그리워 타오르다 못해
남아 있는 열매 하나
까맣게 여문 껍질을 깨트리면
선홍빛 눈물꽃이 뚝뚝-

붉은 것은
사람 마음만이 아니라네

지우고 지워도 대못처럼 박혀
자꾸만 현기증 나는 기억들
아련히 붉디붉어서
지금껏 시들지 못하는

꽃 진 자리 그 향기
너, 떠나간 그 자리

11월 끝에서

벗어던짐으로 걸림 없는
그대, 바람 나그넷길 떠나네

눈먼 철새들의 외딴 통점 한 줄기
날카로운 속도로 흘러가고

낡은 외투 속에 숨어 있는
외로움 자꾸만 자라 하늘까지 닿겠네

진혼곡 흐르는 가을이
능선을 타고 너머너머 흘러가는

바스러질 듯 수척한 햇살
조용히 울음 반짝이는 저녁답

뿌리를 노래하다

바람이 스쳐 간 꽃잎마다 바람물결이 일렁인다 아주 천천히
그리고 고요히 속잎에서 배어나오는 젖은 숨결로
어린 슬픔의 흔적이 조금씩 잦아든다

바람 불면 어둡고 습한 땅 밑에서 지상의 죄 없는 생명 하나
꽃피우기 위해 뿌리는 저 펄펄 끓어오르는 지구의 중심부로
더 깊숙이 발을 뻗으려고 남몰래 땀을 흘렸으리라

잔뿌리에 파르르 돋아나는 아우성 목숨의 힘
수없는 밀고 당김의 반복으로 달구어내는 꽃과 바람의 풀무질

언제, 어디서부터 이루어진 광합성 만남일까

다시 바람이 꽃의 입술을 지그시 깨물고 지나가고
그 자리에 짐짓 기억의 언저리를 더듬는
아슬아슬한 뿌리의 떨림이

형이상학적 분열 · 현실의 분열

박 찬 일
(시인)

1. 들어가며

문학에서 진선미의 코드가 위력을 상실한 것은 아이러니하게도 바이마르 고전주의의 프리드리히 쉴러 이후부터다. 아이러니하다는 것은, 바이마르 고전주의는 조화 · 화해 · 균형 · 절제를 핵심 범주로 포함하고 있었기 때문이다. 조경식은 그의 학위 논문에서 쉴러가 추醜의 형상화를 근본적으로 부인하지 않았다고 주장한다(쉴러, 「예술에서 비열한 것과 저급한 것의 사고」). 추를 심미적 현상으로 간주하였다는 것이다.[1)]

---

1) Kyoung-Sik Cho, "Selbstreferentialitat der Literatur", Bielefeld, 1997, pp. 75~76 참조.

리드리히 쉴레겔에 와서 아름다움/추함이라는 기존의 문학 이해에서 완전히 벗어나게 된다. 쉴레겔의 이러한 문학 이해를 짐작하게 해주는 글이 「그리스문학에 대한 연구」다. 여기에서 쉴레겔은 미적 취향이 자극적인 것으로zum Pikanten, 기발한 것으로zum Frappanten 변해 갈 것으로 예측하고 있다.[2) 요컨대 쉴레겔은 아름다움/추함이 아니라, 선함/악함이 아니라, 흥미로움/지루함이 문학 이해의 잣대가 되어야 한다고 보고 있다. 쉴러의 연장선에서 아름다움/추함을 포함한, 선함/악함을 포함한, 흥미로움/지루함을 포함한, 모든 문학 현상을 심미적인 것으로 정당화해야 한다는 견해를 피력한 것으로 보인다.

이른바 '추의 미학'이 전경화된 것은 보들레르 문학과 자연주의 문학 이후일 것이다. 보들레르 문학과 자연주의 문학은 산업화 시대의 문학이라는 공통점이 있다. 보들레르의 『악의 꽃』과 『파리의 우울』은 산업화 시대의 문학이었다. 산업화 시대의 파리 풍경이 음화처럼 찍혀 있다.

보들레르 문학에서 벌써 자연주의 문학, 즉 에밀 졸라의 문학, 게르하르트 하웁트만 문학에 나타나는 가난, 병, 악덕, 범죄들이 등장한다. '추하고 역겨운 것'이 등장한다. "시인은 추로부터 새로운 마력을 일깨운다." 보들레르의 말이다.[3) 보들레르 문학과 자연주의 문학은 또한 대도시 문학이라는 공

2) F. Schlegel, *Kritische Ausgabe*, hrsg. v. E. Behler, Padebor-Munchen-Wien, 1958, Bd. 1, p. 254.

3) 후고 프리드리히, 장희창 옮김, 『현대시의 구조』, 한길사, 1996, p. 62에서 재인용.

통점이 있다. 보들레르와 자연주의에서 대도시 문학이 본격적으로 시작되었다. '대도시 시' 가 본격적으로 시작되었다.

세상은 복잡해졌다. 하나로 포괄될 수 없었고 하나로 조망될 수 없었다. 세상은 분업화되었다. 세상은 분열되었다. 인간도 분열되었다. 19세기 말 · 20세기 초의 양식다원주의도 이러한 관점에서 설명할 수 있다. 자연주의 · 인상주의 · 신낭만주의 · 신고전주의 · 유미주의 · 청춘양식 등이 병존 · 혼존 · 대립하였다. 19세기 말 · 20세기 초의 양식다원주의에 그 이후의 미래주의 · 표현주의 · 다다이즘 · 초현실주의 등을 포함시킬 수 있다.

인간의 분열은 데카르트, 칸트, 괴테를 통해 이미 암시되었다. 데카르트의 '회의하는 자아' 에 대한 요구, 칸트의 '미성년 상태에서 벗어나 오성을 사용하라' 는 요구들이 분열의 조짐이었다. 회의하는 자아, 오성을 사용하는 자아는 인간의 관점을 통해 '자연' 을 대상화해 바라보게 하였다. 인간과 자연의 분열이었다. 인간과 자연의 분열만이 아닌 것은 '회의' 와 '오성' 이 『성경』이 해준 것과 같은 절대적 확신을 인간에게 부여해 줄 수 없었기 때문이다. 회의와 오성에는 이미 불안과 분열이 배태되어 있었다. 주체는 '위험에 빠진 주체' 였다. 『성경』이라는 '후견' 이 빠진 주체는 위험에 빠진 주체였다. 괴테는 파우스트를 통해 이 세상의 가장 안쪽을 붙들고 있는 것이 무엇인지 묻게 하였다. "이 세상의 가장 안쪽을 붙들고 있는 것은 무엇인가" 라는 질문은 이 세상의 가장 안쪽을 붙들고 있는 것이 하나님으로 상징되는 『성경』이 아니라는 생각을 전제로

한 것이다. 괴테는 그래서 처음으로 파우스트를 통하여 '두 개의 영혼'에 대해 언급하였다. 불안한 영혼, 분열된 영혼에 대해 언급하였다.

> 두 개의 영혼이, 아, 내 가슴속에 살고 있구나.

괴테 이후 보들레르는 "이중 인간homo duplex"(「이중의 삶」)을 언급하였다. 괴테가 죽은 지 20여 년이 지난 후였다. 데카르트, 칸트, 괴테와 보들레르가 언급한 분열이 다른 것은, 보들레르가 언급한 분열의 원인은 『성경』 부인否認에서 비롯된 것이 아닌, '본격적 산업화'에서 비롯된 것으로 보아야 하기 때문이다. 앞에서 말했듯이 세상은 복잡해졌고, 하나로 포괄될 수 없었고, 단번에 조망될 수 없었다. 세상은 분업화되었다. 세상은 분열되었고, 따라서 인간도 분열되었다. 물론 『성경』과 배치되는 회의와 오성의 사용이 본격적 산업화를 초래하였다는 점에서 보들레르의 분열을 『성경』의 부인과 전혀 무관하다고 할 수 없다. 보들레르는 「나심裸心」이라는 아포리즘에서 다음과 같이 고백하고 있다.

> 모든 인간에겐 매 순간마다 두 개의 동시적 청원이 있으니, 하나는 신을 향한 것이요 다른 하나는 사탄을 향한 것이다. 신 혹은 정신성을 향한 호소는 한 단계 한 단계 상승하려는 욕구이고, 사탄 혹은 동물성에 대한 갈망은 하강하는 기쁨이다.
>
> — 심재상 옮김

지상에 살면서 또한 천상을 동경하는 인간의 이중적 본성Doppelnatur을 이야기하고 있다. 보들레르와 동시대인이라고 할 수 있는 하이네 역시 분열Zerrissenheit을 인간의 조건으로 보았다. 고향 상실의 시대는 신을 잃어버린 시대라고 할 수 있다. 루카치가 『소설의 이론』 첫머리에서 "별이 빛나는 창공을 보고, 갈 수가 있고, 또 가야만 하는 길의 지도를 읽을 수 있던 시대는 얼마나 행복했던가?" 라고 말한 것은 신을 잃어버린 시대에 대한 알레고리라고 할 수 있다.

2. 형이상학적 분열

"모든 사람은 다르게 읽는다." 수용미학의 금과옥조다. 문현미의 서시 「죄 하나 없다」를 읽으면서 다른 사람들은 '이 시를 어떻게 읽을까', '나하고 다르게 읽지 않을까' 라는 생각을 하였다.

겨울과 봄 사이
뼈 없는 바람이 언 뿌리를 휘감을 때
동백꽃 새악시 괜스레 수줍다

하늘과 땅이 모두 움트는 때
동박새 한 마리 꽁지를 추켜올린다

파르르, 첫 봄맛에 취해
그만 천기를 누설할까 보다

—「죄 하나 없다」 전문

문제는 끝 행 "천기를 누설할까 보다"이다. 천기누설죄는 무죄다. 더 큰 문제는 천기누설죄의 '천기'가 무엇이냐는 것이다. "겨울이 오면 봄은 멀지 않으리"(퍼시 셸리, 「서풍에 부치는 노래」)? "기다리지 않아도 오고/ 기다림마저 잃었을 때도 너는 온다"(이성부, 「봄」)? "겨울은 강철로 된 무지개"(이육사, 「절정」)? "겨울과 봄 사이"로 시를 시작하고 있기 때문이다. 그러나 이러한 접근이 부정되는 것은 둘째 연 셋째 행의 "첫 봄맛에 취해"라는 구절 때문이다. 첫째 연의 '겨울과 봄 사이'가 '첫 봄맛에 취해'로 변주되었다. 변증법적 구조라고 할 수 있다. 필자가 시에서 주목하는 것 중 하나가 '반복'이다. 혹은 각운, 두운, 자음운들이다. 첫째 연 둘째 행의 "뼈 없는 바람"과 "언 뿌리"가 처음 읽을 때부터 필자의 뇌리에 각인되었다. 뼈와 뿌리의 두운, 혹은 쌍비읍의 자음운이 각인되었다. "공중에는 뼈가 없다"는 말을 어느 노스님이 인용하는 것을 들은 적이 있다. 뼈 없는 바람이라고 한 것은 비어 있는 바람이라고 한 것이다. 구름이 비어 있는 것처럼. 특히 하늘(공중)이 비어 있는 것처럼. '언 뿌리'라고 한 것은 뿌리의 죽음, 혹은 뿌리의 부재를 고하는 것이다.

바람의 빔, 구름의 빔, 하늘의 빔, 뿌리의 부재, 혹은 죽음. 여기에서 필자는 신의 죽음, 신의 부재라는 말을 떠올린다. 신을 가장 중요한 뿌리라고 할 수 있고, 가장 중요한 뼈라고 할 수 있기 때문이다. 시인은 비급의 한 페이지를 펼쳤다. 거기에는 '부재하는 뼈와 뿌리', '부재하는 신' 이라고 쓰여 있었다. 맨 처음 비급의 한 페이지를 펼친 것은 니체였다. 니체는 비급에서 '하늘은 텅 비어 있다' 는 것을 읽었다. 그리고 신의 부재를 고하였다. 신의 부재는 인간의 해방이 아니었다. 새로운 인식에는 대가가 따르는 법. 니체는 이탈리아 토리노에서 미쳤고, 그리고 '영원한 죽음의 나라' 로 갔다. 신의 부재는 내세의 부재이므로 '인간의 영원한 죽음' 을 또한 의미하였다.

신의 부재에 대한 인식이 천기누설이었다고 할 수 있다. 혹은 신의 부재도 '봄을 막을 수 없다' 는 인식이 천기누설이었다고 할 수 있다. 요컨대 신의 부재가 천기누설이었고, 그래도 봄은 막을 수 없다고 한 것이 천기누설이었다.

모든 사람은 다르게 읽는다고 말했다. 단순히 "동박새 한 마리 꽁지를 추켜올" 리는 행위를 천기누설이라고 한 것으로 볼 수 있다. '동박새 한 마리가 꽁지를 추켜올리는 행위' 와 시집 제4부의 시 「뿌리를 노래하다」 끝 행의 "아슬아슬한 뿌리의 떨림" 은 인접의 관계에 있다. 천기누설에서 천기누설로 끝나고 있다.

현대의 가장 중요한 열쇠어로서 분열에 대해 앞에서 언급했다. "모든 사람은 다르게 읽는다" 는 수용미학의 금과옥조도 분열의 반영이라고 할 수 있다. 개인의 분열에 대해서도 말했다. 괴테의 분열된 영혼, 보들레르의 이중적 인간에 대해 말했다. 랭보가 처음 말해 그 후 프로이트, 사르트르, 들뢰즈,

레비나스, 비트겐슈타인, 지라르 등에 의해 확인·검증된 "나는 타자다"라는 명제도 분열과 관계 있다. 개인의 분열은 언어의 분열도 가져왔다. 언어 분열이 가장 가시적으로 드러난 예는 옥시모론oxymoron이다. 김현승은 이를테면 「가을의 향기」 끝 연에서 "傷하고 아름다운 것들이여"라고 읊었다. 물론 아이러니를 말할 수 있다.

남쪽에선
과수원의 능금이 익는 냄새
서쪽에선 노을이 타는 내음…

산 위엔 마른 풀의 향기
들가엔 장미들이 시드는 향기…

당신에겐 떠나는 향기
내게는 눈물과 같은 술의 향기

모든 육체는 가고 말아도
풍성한 향기의 이름으로 남는
傷하고 아름다운 것들이여
높고 깊은 하늘과 같은 것들이여

—「가을의 향기」 전문

상한 것을 아름다운 것이라고 한 것은 물론 아이러니다. 김현승은 “능금이 익는 냄새”, “서쪽에선 노을이 타는 내음”, “마른 풀의 향기”, “장미들이 시드는 향기”들이 상하는 냄새라고 하였다. 그러나 이 상하는 냄새들에서 김현승은 또한 아름다운 냄새를 맡는다. 아이러니가 역설이 되는 순간이다.

문현미의 「흑백사진」도 이 점에서 현대적이다.

새벽 열차가
간이역으로 들어온다

묵은 의자 같은 할머니가
지팡이를 뭉개며 일어서고
세월이 시들한 손에
검은 비닐 보따리가 달라붙어 있다

기차는 다시
사람 냄새 나는 곳으로 미끄러져 가고
대합실엔
온기가 하관처럼 내려앉고

— 「흑백사진」 전문

문제는 “온기가 하관처럼 내려앉고”라고 한 것이다. 온기와 하관의 관계가 옥시모론이다. 온기는 생명과 관계하고 하관은 죽음과 관계하기 때문이다. 관 속에 누워 있는 주검은 온기를 느낄 수 없고, 관 밖의 하관을 지켜보는 사람들도 온기를 느낄 수 없다. 물론 김현승의 경우처럼 여기에서도 아이러니와 역설을 말할 수 있다. 역설인 것은 땅속은 '따뜻한 땅속' 이라고 할 수 있기 때문이다.

혹은 시인은 몰락에 대한 동경을 이렇게 표현한 것이 아닐까. 이런 해석이 가능한 것은 '비움의 미학' 때문이다. 「빈 몸」, 「겨울산」, 「길에 관한 명상」들에서 비움의 미학이 나타난다. 먼저 「길에 관한 명상」을 보자. "관" 을 직접적으로 동경하고 있다.

메뚜기 떼는
5000킬로미터 이상을 날아간다지만
후투티도
강화도에서 동남아를 찾아간다지만

나, 나에게 돌아가는 길은
하늘과 땅 사이 어디에 있을까

다만 관 속에 묻어갈 슬픔의 길만
남아 있을 것 같아, 목숨을 견뎌내야 할
그 길을 타박타박 가고 있다네

—「길에 관한 명상」 전문

"돌아" 갈 곳이 "땅" 이 아니라고 하고 있다. 더구나 "하늘" 이 아니라고 하고 있다. 말 그대로 "형이상학적 비극" 에 대한 인식이라고 하지 않을 수 없다. 본질이 땅에 있지도 않고 하늘에도 있지 않다고 인식한 자의 비극!

아침 고요에 씻긴 겨울 바닷가 모래 위에
소라 껍질이 가부좌를 틀고 있다
(…중략…)
어느 귀한 사랑에게 모든 것을 바치고 하늘을 향해
가난의 노래를 부르는 빈 몸이여

멀고도 아득한 비바람에 깎이고 깎여 끝내
한 톨 모래로 내려놓을 단 한 번의 생이여

—「빈 몸」 부분

시인은 또한 빈 "소라 껍질"을 동경하고 있는 것으로 보인다. 빈 소라 껍질은 "빈 몸"의 은유다. '동경'이라고 한 것은 결국은 "아득한 비바람에 깎이고 깎여 끝내/ 한 톨 모래로 내려놓을" 것이라고 했기 때문이다. '내려놓는 것'은 득도와 대체의 관계에 있는 것으로서 보통 동경해 마지않는 것이기 때문이다.

이 시가 간단하지 않은 까닭은 여기에서도 분열을 말할 수 있기 때문이다. "한 번의 생"이라는 명사구로 끝내고 있기 때문이다. 한 번의 생은 하이데거의 철학에 자주 등장하는 일회성Einmaligkeit이라는 말과 인접의 관계에 있다.[4] 시간에는

4) 삶의 일회성은 "세상에서 가장 풀기 어려운 암호"(「동행」)일지 모른다.

내면성이 없다. 시간은 비정하게 흘러갈 뿐 다시 '그 시간' 은 돌아오지 않는다. 삶의 일회성을 의식하고 있는 자의 이름은 니힐리스트다. 소극적 니힐리스트가 있고 적극적 니힐리스트가 있다. 소극적 니힐리스트는 일회성에 낙담하는 니힐리스트다.

'한 번의 생' 에 낙담하는 니힐리스트다. 적극적 니힐리스트를 말할 수 있다. "한 톨 모래로 성불하게 될 한 번의 생이여" 라고 한 것을 '한 번의 생' 을 긍정하는 어조로 보는 것이다. 비록 한 톨 모래로 화(化)할지라도. 긍정의 증거는 물론 내려놓는 것이다. '내려놓음으로써 완성' 되는 생이다. 낙담의 어조가 아닌 영탄(혹은 찬탄)의 어조로 보는 것이다. 이 점에서 「낙화 면류관」의 다음 구절도 주목을 끈다.

> 가장 짙푸른 면류관을 쓰게 될
> 잎 목숨의 어느 즈음에
> 모든 걸 내려놓는 환희를 꿈꾼다
>
> —「낙화 면류관」 부분

"환희" 는 '낙화의 환희' 다. 「빈 몸」 식으로 얘기하면 "한 톨 모래" 의 환희다. 혹은 「빈 몸」 식으로 얘기하면 "한 번의 생" 의 환희다. 가장 짙은 면류관과 낙화의 변증, 한 번의 생과 한 톨의 모래의 변증! 종합명제는 몰락을 포함한 삶의 전면적 긍정이다. 낙화가 몰락이고, 한 톨의 모래가 몰락이다.

시 「시간 밖의 시간 속으로」의 "오직 한 사람" 을 '내려놓는 것' 과 대체의 관계에 있다고 할 수 있다. 혹은 절대자 하나님과 대체의 관계에 있다고 할 수 있다.

> 맨 처음의 눈과
> 맨 처음의 귀로
> 그대를 호흡하면
> 방향을 잃지 않을 겁니다, 내 생의 나침반은
>
> 오직 한 사람으로 인해
> 눈감고 살아온 무저갱의 날들이
> 가장 높푸른 날개를 답니다
>
> —「시간 밖의 시간 속으로」 부분

"가장 높푸른 날개"라고 했으니까 절대자 하나님 아래에 있는 '천사' 라고 할 수 있다. 그렇다면 현세는 '공적 쌓기로서의 현세' 가 된다. "오직 한 사람으로 인해/ 눈감고 살아온 무저갱의 날들"이라고 한 것은 의미론적으로 볼 때 당연한 언급으로 보인다. '눈감고 살아온 무저갱의 날들' 이 바로 '공적 쌓기' 다. 이러한 해석이 설득력 있는 것은 바로 위에서 "그대를 호흡하면/ 방향을 잃지 않을 겁니다, 내 생의 나침반은"이라고 노래하고 있기 때문이다. '방향을 일러주는 생의 나침반' 은 절대자 하나님이기 쉽다.

분열이 지배하고 있다. 좋은 말로 하면 갈등이다. 갈등이 지배하고 있다. 현세에 대한 전면적 긍정과 내세에 대한 전면적 긍정이 갈등하고 있다. 다시 예를 들면, "한 톨 모래로 내려놓을 단 한 번의 생이여" 에서 현세에 대한 전면적 긍정을 볼 수 있고, "오직 한 사람으로 인해/ 눈감고 살아온 무저갱의 날들" 에서 현세에 대한 부인 · 내세에 대한 절대적 소망을 볼 수 있다.

절언이다, 처음부터 끝까지

달을 정수리에 이고 가부좌 틀면
수묵화 한 점 덩그러니

영하의 묵언수행!

폭포는 성대를 절단하고
무욕의 은빛 기둥을 곧추세운나

온몸이 빈 몸의 만월이다

—「겨울산」 전문

「겨울산」 전문이다. 「빈 몸」에 이어 "빈 몸" 을 동경하고 있다. "빈 몸의 만월" 로 끝내고 있기 때문이다.[5] 「빈 몸」과 다른 것은 일견 '분열' 을 떠올릴 수 없는 것으로 보이기 때문이다. "절언", "영하의 묵언수행", "성대를 절단", "무욕의 은빛 기

5) "빈 몸의 만월" 도 옥시모론이다. 역시 분열과 관계 있다.

둥"은 단호한 어조들이다. 단호한 어조는 분열과 거리가 멀다. 다르게 말할 수 있다. 첫째, "겨울산"과 시적 화자의 분열이다. "절언", "영하의 묵언수행", "성대를 절단", "무욕의 은빛 기둥"들은 겨울산의 것들이다. 시적 화자의 것들이 아니다. 둘째, 동경에는 분열이 내포되어 있다고 보는 것이다. 지금 여기가 아니라, 다른 곳 · 다른 때를 동경하는 것은 분열을 전제로 한다. 다시 강조하면 분열은 근대성의 가장 확고한 특징이다. 이를테면 근대의 낭만주의도 '분열의 낭만주의' 였다. 18세기 말 · 19세기 초의 자본주의 생활양식을 거부하고 판타지의 세계 · 상상의 세계, 다른 말로 하면, '지금 여기' 가 아니라 '그때 거기' 의 세계에 몰입했기 때문이다.

노래에는 절節이 있는 법이다. 찬송가는 보통 4절로 구성된다. 「겨울산」이 1절이라면 「빙벽」은 2절이고, 3부의 「동심冬心」은 3절이다.

수억만 년 갈고닦은
영혼의 결빙

간절한 투명의 결정 위에
수직으로 선

저 서릿발

아스라한 생의 결단이여

—「빙벽」 전문

벌레처럼 움츠러드는
맨살을 뚫고
각을 세우는 얼음꽃

영하의 묵도 중이다

산정 바위들
비장한 간당에 들고
묘비명의 희미한 문장이 예민하다

무욕의 바람에 제 표정을 찾는
처음 마음

— 「동심」 전문

「빙벽」의 “투명의 결정”, “수직으로 선// 저 서릿발// 아스라한 생의 결단”들, 그리고 「동심」의 “각을 세우는 얼음꽃”, “영하의 묵도”, “비장한 간당”, “무욕의 바람”들이 「겨울산」의 “절언”, “영하의 묵언수행”, “성대를 절단”, “무욕의 은빛 기둥”들과 인접, 혹은 대체의 관계에 있다. 3부의 「겨울 목탄 스케치」는 4절이라고 할 수 있다. “동안거”, “경전”들이 「동심」의 “각을 세우는 얼음꽃”, “영하의 묵도”, “비장한 간당”, “무욕의 바람”들과 「겨울산」의 “절언”, “영하의 묵언수행”, “성대를 절단”, “무욕의 은빛 기둥”들과 인접, 혹은 대체의 관계에 있다. 5절까지 있는 찬송가도 있다. 6절까지 있는 찬송가도 있다. 2부의 「나목」을 보자.

감성의 촉수를 끊어 버렸다

바람의 엄습을
오직 묵언정진으로

우듬지 끝에서 추사체로 세운 그대

—「나목」 전문

절창이다. "묵언정진"이 「겨울산」의 "묵언수행"과 대체의 관계에 있다. 압권은 무엇보다도 맨 끝 연이다.

우듬지 끝에서 추사체로 세운 그대

아름다운 시각적 이미지를 보여 주고 있다. 절대적 이미지일 수 있고, 상대적 이미지일 수 있다. 상대적 이미지일 수 있는 것은 우듬지 끝에 추사체로 서 있는 것이 쉬운 일이 아니라고 한 것으로 보는 것이다. 감성의 촉수를 끊고 묵언정진할 때 그런 경지에 올라설 수 있다고 한 것으로 보는 것이다. 역시 동경이다. 역시 분열이 전제되어 있다고 볼 수 있다.

3. 현실의 분열

문현미 시들에 자주 등장하는 "그리움"(「오래된 그리움을 위하여」), "꿈"(「첫 키스」, 「어느 모순」, 「불 좀 켜 주세요」)이라는 말들도 동경과 대체의 관계에 있는 것으로서 역시 분열을 표상한다. 이를테면 현실과의 불협화음이 '꿈'을 낳는다. 다음은 「첫 키스」의 전문이다.

꿈이 지천에서
꽃무더기로 피어날 것 같은

이브의 눈길조차 아직 닿지 않은
새벽 강의 안개 능선 따라

찬란한 떨림의 순간에
한 번의 호흡으로 경전이 되는
몸의 삼매경

—「첫 키스」 전문

"첫 키스"의 정황 및 정감을 묘사한 시인가? 혹은 첫 키스를 그리워하면서 쓴 시인가? 전자라면 문제가 되지 않는다. 문제는 후자일 경우다. 첫 키스를 그리워하게 하는 현재의 상황이다. 간단히 현실이 첫 키스 같다면 첫 키스를 떠올리지 않기 때문이라고 말할 수 있다. 동경은 동경의 조건이 있고, 마찬가

지로 분열은 분열의 조건이 있다.

'분열의 압권'(?)은 「시가 있는 저녁」과 「갱년기」에서 나타난다. 물론 '현실'에서 기인하는 분열이다.

① 하늘과 땅의 질서 대열에 끼인
행운을 어설프게 붙들고 말았다

—「시가 있는 저녁」 부분

② 우울한 생의 전깃줄 가까이
고압선이 흐르고 있어요
(…중략…)
치명적 전원에 감전될 것 같아
아무것도 보이지 않는 지금

아, 제발 스위치를 내리지 말아요!

—「갱년기」 부분

시 ①은 "하늘과 땅의 질서 대열"과 "행운"이 모순된다. 질서는 합리주의와 인접의 관계에 있다. 행운은 합리주의와 인접의 관계에 있지 않다. 합리주의는 행운을 기다리지 않는다. 목적합리주의는 '합리'라는 미명하에 수단방법을 가리지 않고 행운을 쟁취하려는 것에 대한 명명이다. 무엇보다도 모순은 '하늘과 땅의 질서 대열에 끼임'과 '어설프게 붙듬'의 관계에서 나타난다. '어설프게'는 이를테면 '질서 대열'에 끼기를 자청하는 자가 쓰는 말이 아니다. '어쩌다 태어나게 되었다' 는 말과 같다. 역시 세상과 거리를 취하고 있다. 세상과의 분열된 모습을 보여주고 있다.

시 ②는 세상과의 거리, 세상과의 분열이 열쇠어들이다. 시 ①과 다른 것은 새로운 세상을 청하는 모습이 적나라하게 드러나 있는 점이다. "치명적 전원" · 치명적 "고압선" 에 "감전" 되기를 원하고 있다. 그래서 "아, 제발 스위치를 내리지 말아요!" 라고 표현한다.

무엇보다도 현실과의 불화를 적나라하게 보여 주는 시가 「어느 모순」이다.

나의 불면을 쓰네
그대를 보면서
나의 좌절을 그리네
그대를 들으면서
나는 꿈꾸네

내 불면과 좌절과 미래가
바로 그대,
나와 그대의 거리

—「어느 모순」 전문

현실은 '"불면" 과 "좌절" 의 현실' 이다. 이 불면과 좌절의 현실에는 희망이 없다. 둘째 연에서 불면과 좌절과 "미래" 를 한

묶음으로 "그대"라고 했기 때문이다. 첫째 연에서 "불면을 쓰네", "좌절을 그리네", 그리고 "나는 꿈꾸네"라고 한 것이 시선을 끈다. '네' 라는 각운을 갖추었다는 점에서 대등한 내용의 병렬로 간주할 수 있다. 결국은 불면과 좌절을 꿈꾼다고 한 것이다. 불면을 좌절을 꿈꾸는 사람은 도대체 어떤 사람인가.

「나의 수인번호를 묻다」에서

누가 미결수인가
증거 인멸의 지상에서

가둘 것도, 풀어 줄 것도 없이
내 속에 소리치는 얼굴 없는 목소리

끝이 보이지 않는 상처의 흔적들이
보란 듯이 동거하는 몸의 감옥 속에서

무엇이 죄인지 알지도 못한 채
스스로 오랏줄을 들이대는

나 아니고 싶은 나에게
끈질기게 수인번호를 묻는다

—「나의 수인번호를 묻다」 전문

라고 한 것도 역시 현실과의 불협화음과 관계 있다. "수인번호"는 양심에 의한, 혹은 죄의식에 의한 수인번호다. 혹은 규율 · 규범 · 규칙의 슈퍼에고가 상기시키는 수인번호다. "나 아니고 싶은 나"라고 한 것은 현실에서 벗어나고 싶다고 한 것이다. "가짜와 진짜인 내가 함께 연기하는/ 단막극 대본"(「단막극처럼」)에서 벗어나고 싶다고 한 것이다. 사회적 자아에서 벗어나고 싶다고 한 것이다. 슈퍼에고로부터 벗어나고 싶다고 한 것이다. 역시 현실과의 불협화음, 현실과의 분열을 강조하였다.

4. 나가며

분열을 자청하는 모습도 있다. 분열에도 장점이 있다. 분열이라는 병에도 장점이 있나.

고마워라 몰래 들어온 병이여
눈 뜨고 있어도 보이지 않던 것이
너로 인해 섬광처럼 돋보인다

몸에서 진액이 빠져나가는 만큼
존재의 붓끝으로 경쾌한 포물선을 그린다

—「병에게」 부분

고은은 "내려갈 때/ 보았네// 올라갈 때/ 보지 못한// 그 꽃"

이라고 읊었다. 문현미는 "눈 뜨고 있어도 보이지 않던 것이/ 너로 인해 섬광처럼 돋보인다"고 읊었다. "병"은 내려가는 것과 인접의 관계에 있다. 내려갈 때 우리는 올라갈 때 보지 못하던 것을 보게 된다. 올라갈 때보다 더 많은 것을 보게 된다. 분열이라는 병에 걸린 예술가들은 남들이 보지 못하는 것을 보는 사람들이다. 더 많은 것을 보는 사람들이다. 분열이라는 결핍 때문이다. 혹은 실제는 그렇지 않더라도 더 많이 결핍되었다고 느끼기 때문이다.

예술가들은 결핍을 채우려고 하는 사람들이라고 할 수 있다(혹은 분열을 메우려고 하는 사람들이라고 할 수 있다). 예술가들은 예술로 결핍을 치료하려는 사람들이라고 할 수 있다(혹은 분열을 치료하려는 사람들이라고 할 수 있다). 신경정신과 의사에게 결핍·분열을 토로하는 것과 같다. 신경정신과 의사에게 결핍·분열을 토로하는 순간 '결핍·분열'은 반감된다. 결핍·분열은 일회적 아우라를 상실한다. 결핍·분열의 예술작품을 수많은 사람들이 읽었다면 '결핍·분열'은 수만 분의 일로 줄어들지 모르는 일이다.[6)]

이 점에서 「병에게」의 두 번째 연이 눈길을 끈다. "몸에서 진액이 빠져나"간다고 하였다. 시 쓰는 일을 몸에서 진액을 빼내는 일이라고 한 것과 같다. 진액은 병이고 또한 진액은 분열이다. 진액이 빠져나간 "존재"는 "경쾌한 포물선을 그린다"고 하였다. 문학예술의 치료적 기능을 체험하고 쓴 시라고 할 수 있다.

---

6) 박찬일, 「결핍이 시를 쓰게 한다」, 『시를 말하다』, 연세대학교출판부, 2007, pp. 33~34 참조.

문현미의 전체 시는 결핍 · 분열이라는 열쇠어로 접근할 수 있다. 형이상학적 불화 · 현실과의 불화에서 기인하는 결핍 · 분열을 시로 해소 · 치료하려는 노력으로 접근할 수 있다. 결핍 · 분열을 해소하고 치료한 결과로서의 시는 어떤 모습으로 나타날 것인가. 목가문학, 혹은 소박문학은 어떻게 나타날 것인가. 「가만히 그렇게만」이 시선을 끄는 이유다.

산비탈 뱀딸기 유정한 숨결로
호기심 가득하다
오월 바람의 순한 눈동자
시샘하듯 지켜보고
벌통 드나들던 꿀벌들
달콤한 진액을
유난 쏟아내고 있나

꿈인 듯 야생이 된 두 사람

—「가만히 그렇게만」 전문

분열이 아닌 합일의 시라고 할 수 있다. 자연을 '잃어버린 자연' 이 아닌 것으로, 실제 앞에 있는 것으로 표상하고 있다. "산비탈 뱀딸기", "오월 바람", "꿀벌들", "달콤한 진액" 들이 그 자연들이다. "유정한 숨결", "호기심", "순한 눈동자", "시샘", '"쏟아" 낸다' 들이 자연과 인간을 매개한다. "야생이 된 두 사람" 은 서로를 대상으로 삼지 않는, 분열되기 이전의, 자웅동체를 떠올리게 한다. 여기까지만 보면 목가문학이다. 소박문학이다. 목가라고만 단정 지을 수 없는 것은 "꿈인 듯" 이라고 했기 때문이다. 쉴러는 "자연과 이상에 대한 호의가 지배적인 정서가 되었을 때 나는 이것을 비가적이라고 부른다"[7]고 하였다. 시인은 '결핍 · 분열의 천형天刑' 을 선고받은 자인가.

7) F. Schiller, "Uber naive und sentimentalische Dichtung", in: *Samtliche Werke V*, Munchen, 1993, p. 728.